EMIGRAR A ALEMANIA

TODO LO QUE NECESITAS SABER PARA TENER ÉXITO

MAR ANDRÉ

„*El primer paso hacía una nueva vida comienza con la información adecuada.*"

Dedicado a todos los valientes que decidieron empezar de nuevo.

📣 ¡Tu opinión cuenta!
Si este libro te ha sido útil o te ha acompañado en tu proceso de emigración, te agradecería muchísimo que dejaras una valoración honesta en Amazon.

Las reseñas no solo ayudan a que más personas encuentren este contenido, sino que también me motivan a seguir escribiendo y compartiendo recursos valiosos contigo.

★★★★★

🌟 ¡Tu reseña puede marcar la diferencia! 🌟
¡Gracias por tu apoyo!

Índice

Queridas lectoras y queridos lectores,

Permítanme llevarlos a un viaje entre dos mundos, dos corazones que laten en mi pecho. Soy Mar, una trotamundos cuya travesía vital ha abarcado más de media vida en Alemania. Este país ha dejado su impronta en mi historia, guiando mis elecciones y ensanchando mis sueños. Sin embargo, en el rincón más acogedor de mi corazón, mi querida Galicia siempre late vigorosamente, recordándome mis raíces y alimentando mi pasión por la vida.

Esta guía, "Emigrar a Alemania: Todo lo que necesitas saber para tener éxito", es una caja de herramientas que he diseñado para ustedes. Para hacer esta guía aún más fácil de seguir, he incorporado iconos especiales a lo largo del libro:

Iconos de consejos: Estos iconos señalan consejos clave y conceptos esenciales que deben tener en cuenta durante su viaje hacia Alemania.

Además, encontrarán recuadros de atención que contienen ejemplos prácticos y datos relevantes:

Recuadros de atención: Estos recuadros contienen ejemplos y proporcionan información adicional para facilitar la comprensión de los temas.

Recuadros de atención: Estos recuadros contienen ejemplos y proporcionan información adicional para facilitar la comprensión de los temas.

No encontrarán aquí historias personales, sino una hoja de ruta clara y precisa para emigrar a Alemania. He destilado años de experiencia y conocimientos en estas páginas, proporcionando datos sólidos y consejos útiles para cada etapa de su nueva vida. Desde los intrincados trámites burocráticos hasta las sutilezas culturales, desde cómo cuidar su bienestar hasta cómo hacer amigos en tierras germanas, esta guía está diseñada para hacer más suave su aterrizaje en Alemania. Agradezco profundamente su confianza en este libro. Mi deseo es que estas páginas se conviertan en sus aliadas inseparables en su travesía por la vida germana, ofreciéndoles la claridad y la confianza necesarias para abrazar su nuevo hogar con todo su esplendor.

Con gratitud y una sonrisa en mi rostro
Mar André

Capítulo 1: Introducción

La decisión de mudarse a un nuevo país y comenzar una nueva vida es emocionante pero desafiante. En los últimos años, las tendencias de emigración en Europa han cambiado significativamente y Alemania sigue siendo un destino popular para aquellos que buscan nuevas oportunidades y experiencias. Este capítulo ofrece una visión general de las tendencias actuales de emigración en Europa y la importancia de la libre circulación dentro de la Unión Europea. Además, describe los objetivos y la estructura de este libro, diseñado especialmente para facilitar el inicio de los emigrantes españoles en Alemania.

1.1 Tendencias de emigración en Europa

Europa ha experimentado una creciente movilidad de trabajadores e inmigrantes en los últimos años. Muchas personas se mudan a otros países europeos por diversas razones, ya sea por perspectivas laborales, lazos familiares o el deseo de mejorar su calidad de vida. Alemania se ha convertido en un destino popular para los emigrantes debido a su economía estable, su diversa cultura y sus excelentes sistemas educativos y de salud. La integración en la sociedad alemana y el cumplimiento de los requisitos legales son pasos fundamentales para llevar a cabo con éxito el proceso de emigración.

1.2 La libre circulación dentro de la Unión Europea

Uno de los principios fundamentales de la Unión Europea es la libre circulación, que permite a los ciudadanos de la UE moverse, residir y trabajar libremente dentro de los Estados miembros. Los ciudadanos españoles tienen el derecho de mudarse a Alemania y establecerse allí sin necesidad de visado o permiso de residencia. La libre circulación ofrece numerosas oportunidades para aquellos que buscan suerte en Alemania. Sin embargo, es importante tener en cuenta ciertas obligaciones legales, especialmente en relación con el derecho de residencia y la búsqueda de empleo.

1.3 Objetivos y estructura del libro

El principal objetivo de este libro es proporcionar a los emigrantes españoles una guía completa y práctica para un comienzo exitoso en Alemania. Contiene información sobre los aspectos más importantes del proceso de emigración, desde los trámites legales hasta la búsqueda de empleo y la integración social. Cada capítulo aborda un tema específico relevante para los emigrantes y ofrece consejos útiles, recomendaciones y ejemplos prácticos para ayudar a los lectores a adaptarse rápidamente y eficazmente a su nuevo entorno.

Los siguientes capítulos contienen información detallada sobre los diversos temas relevantes en el proceso de emigración:

1. Indroducción	9. Seguridad social e impuestos
2. Derecho de residencia	10. Documentos
3. Trabajo y profesión	11. Seguros
4. Seguro médico	12. Seguro de pensiones
5. Idioma	13. Atención médica
6. Búsqueda de vivienda	14. Cárnet de conducir
7. Finanzas	15. Cápitulo Adicional
8. Integración	

Proporcionando a los emigrantes españoles la información y consejos necesarios, este libro tiene como objetivo ayudarles a tener un inicio exitoso en Alemania y a integrarse rápidamente en su nuevo hogar.

Capítulo 2: Derecho de residencia

Das "Aufenthaltsrecht" es un aspecto crucial para los emigrantes españoles que desean trasladar su lugar de residencia a Alemania. Regula el marco jurídico para la estancia y los requisitos que deben cumplirse para vivir y trabajar legalmente en Alemania. En este capítulo, se explican en detalle las diferentes posibilidades del derecho de residencia para ciudadanos de la UE y no pertenecientes a la UE. Además, se describe en detalle cómo se realiza el registro en el "Einwohnermeldeamt" (registro de residentes) y qué pasos seguir para solicitar un permiso de residencia para los no pertenecientes a la UE.

2.1 El derecho a la libre circulación para los ciudadanos de la UE

El derecho a la libre circulación es uno de los principios fundamentales de la Unión Europea y permite a los ciudadanos de la UE moverse y establecerse libremente dentro de los Estados miembros. Los ciudadanos españoles tienen el derecho de ingresar a Alemania y permanecer allí por un período determinado sin necesidad de visado o permiso de residencia. Sin embargo, si la estancia es superior a 90 días, es necesario registrarse en el "Einwohnermeldeamt". Este paso es crucial para confirmar la estancia legal y obtener la dirección de registro.

Ejemplo:

María, una ciudadana española, desea mudarse a Alemania y quedarse por más de 90 días para comenzar un nuevo trabajo. Como ciudadana de la Unión Europea, puede entrar a Alemania sin visado o permiso de residencia. Sin embargo, dentro de los 90 días posteriores a su llegada, debe registrarse en el ayuntamiento de su lugar de residencia. Allí, recibirá su certificado de registro, que es importante para diversos propósitos, como la búsqueda de empleo, la firma de contratos y la inscripción de niños en las escuelas.

2.2 El registro en el "Einwohnermeldeamt" (Oficina de Registro de Residentes)

El registro en el "Einwohnermeldeamt" es un paso importante para todos aquellos que establecen su residencia principal en Alemania. Esto se aplica no solo a ciudadanos de la UE, sino también a ciudadanos alemanes y no pertenecientes a la UE. El registro es obligatorio por ley y debe realizarse dentro de un período específico después de la llegada. Por lo general, este período es de dos semanas, pero puede variar según el estado federado. Para registrarse, es necesario acudir personalmente al "Einwohnermeldeamt" local y presentar ciertos documentos. Estos documentos suelen incluir el pasaporte o la tarjeta de identidad, una confirmación de residencia del arrendador o una escritura de propiedad, y, en su caso, una confirmación de registro del arrendador o de la comunidad de propietarios.

2.3 Permiso de residencia para los no pertenecientes a la UE

Ejemplo:
Después de llegar a Alemania, María se dirige al "Einwohnermeldeamt" local, que se encuentra en el ayuntamiento. Lleva consigo su pasaporte, una confirmación de residencia del arrendador y todos los demás documentos necesarios. Allí, completa el formulario de registro y recibe su certificado de registro. Este documento es fundamental para su integración y acceso a diversos servicios, como la apertura de una cuenta bancaria.

Para los no pertenecientes a la UE, existen regulaciones específicas con respecto al derecho de residencia. Si desean mudarse a Alemania para trabajar, estudiar u otras razones y su estancia es superior a 90 días, generalmente necesitan un permiso de residencia. Este permiso se solicita generalmente antes de la llegada a Alemania en la embajada alemana o el consulado en su país de origen. El tipo de permiso de residencia depende de diversos factores, como el propósito de la estancia, la duración planificada y la situación personal del solicitante.

Ejemplo:

Juan, un ciudadano no Europeo, planea una estancia prolongada en Alemania para aceptar un puesto de trabajo. Antes de viajar a Alemania, se informa en la embajada o consulado alemán en su país de origen sobre los pasos necesarios para solicitar un permiso de residencia. Presenta una solicitud para un visado específico y presenta todos los documentos necesarios, como su contrato de trabajo y un comprobante de recursos financieros suficientes.

Resumen:

En este capítulo, hemos abordado en detalle el derecho de residencia para los emigrantes españoles. Los ciudadanos de la UE tienen derecho a la libre circulación y pueden ingresar a Alemania y permanecer aquí sin necesidad de visado o permiso de residencia, pero deben registrarse en el "Einwohnermeldeamt" si su estancia supera los 90 días. Para los no pertenecientes a la UE que deseen quedarse en Alemania por más de 90 días, generalmente se requiere un permiso de residencia específico. Este permiso se solicita antes de la llegada a Alemania en la embajada alemana o el consulado en el país de origen. Es importante informarse a tiempo sobre los documentos necesarios y el proceso exacto para garantizar una transición sin problemas y asegurar el estatus de residencia en Alemania. El cumplimiento oportuno y correcto de estas formalidades es fundamental para un comienzo exitoso en Alemania.

Capítulo 3: Trabajo y Profesión

El capítulo "Trabajo y Profesión" se dedica a los aspectos decisivos de la búsqueda de empleo, el proceso de solicitud y el reconocimiento de profesiones para los emigrantes españoles que desean trabajar en Alemania. El objetivo es proporcionarles una guía integral y fácil de entender para que puedan desenvolverse con éxito en el mercado laboral alemán y encontrar un empleo adecuado. Además, se explican los pasos para el reconocimiento de profesiones y la evaluación de cualificaciones para facilitar una integración fluida en la vida laboral alemana.

3.1 Mercado laboral en Alemania

El mercado laboral alemán ofrece una amplia variedad de oportunidades de empleo en diferentes sectores y regiones. Para posicionarse de manera óptima en el mercado laboral, los emigrantes españoles deben comprender la situación económica alemana y la demanda de ciertas profesiones. Una buena manera de explorar el mercado laboral es utilizar bolsas de trabajo en línea y portales de empleo que listan numerosas ofertas de empleo en toda Alemania. Aquí hay algunas páginas web útiles:

o Agencia Federal de Empleo (BA): La BA es la agencia central de colocación de empleo en Alemania y opera la bolsa de trabajo (www.arbeitsagentur.de). Allí, los emigrantes pueden encontrar una amplia gama de ofertas de empleo y buscar trabajos específicos en su sector y región.

o StepStone (www.stepstone.de): StepStone es uno de los principales portales de empleo en Alemania y ofrece una amplia selección de ofertas de trabajo en diferentes sectores.

o XING (www.xing.de): XING es una red social profesional que no solo ofrece oportunidades de networking, sino también una bolsa de trabajo con muchas ofertas de empleo.

- LinkedIn (www.linkedin.com): LinkedIn es otra red profesional importante con una bolsa de trabajo donde las empresas publican ofertas de empleo y los emigrantes pueden presentar sus calificaciones profesionales.

- Indeed (www.indeed.de): Indeed es una de las mayores plataformas de empleo a nivel mundial y ofrece una amplia selección de ofertas de trabajo en Alemania.

- Monster (www.monster.de): Monster es otro portal de empleo conocido con una amplia gama de ofertas de trabajo en diferentes sectores y regiones.

- Jobware (www.jobware.de): Jobware se especializa en puestos de trabajo calificados para profesionales y gerentes y ofrece ofertas de alta calidad.

- Experteer (www.experteer.de): Experteer se centra en empleos y posiciones exigentes para profesionales y directivos experimentados.

- Karriere.de (www.karriere.de): Karriere.de es una plataforma de carreras que ofrece información integral sobre carreras profesionales y también enumera ofertas de empleo.

Consejo: Ajusten cuidadosamente los criterios de búsqueda en los portales de empleo y también utilicen la opción de recibir notificaciones de empleo por correo electrónico. Esto les permitirá no perderse ofertas de empleo interesantes.

Ejemplo:

Carlos, un ingeniero español que emigra a Alemania, utiliza diferentes portales de empleo como StepStone y XING para buscar ofertas de empleo en su campo. Ajusta sus criterios de búsqueda para obtener resultados relevantes y solicita específicamente aquellos trabajos que se ajustan a su perfil.

3.2 Búsqueda de empleo y proceso de solicitud

La búsqueda de empleo en Alemania puede ser un desafío, pero también ofrece muchas oportunidades. Además de las bolsas de trabajo en línea, es recomendable buscar también en los sitios web de las empresas, que es posible que no publiquen todas sus ofertas de empleo en los portales de trabajo. Es importante que los documentos de solicitud se

 preparen cuidadosamente. Estos incluyen una carta de presentación individualizada, un currículum y certificados relevantes, que deben estar redactados en alemán. La cultura de la solicitud alemana valora la precisión, por lo que los documentos deben estar bien estructurados y sin errores.

Consejos y trucos valiosos para la búsqueda de empleo y el proceso de solicitud:

o Solicitud en alemán: Dado que el idioma oficial en Alemania es el alemán, redactar los documentos de solicitud en alemán aumenta las posibilidades de recibir una respuesta positiva. Si aún no se dominan suficientemente las habilidades lingüísticas, los cursos de idiomas y las clases de alemán pueden ayudar a mejorar las habilidades de comunicación.

o Adaptar el currículum: El currículum debe resaltar las experiencias laborales y cualificaciones profesionales relevantes para el trabajo deseado. Una estructura clara y concisa es una ventaja.

o Networking: El networking es de gran importancia en Alemania. Los emigrantes pueden conectarse con profesionales alemanes en XING y LinkedIn, asistir a eventos de la industria y establecer contactos valiosos.

o Carta de presentación: La carta de presentación debe adaptarse individualmente a cada oferta de empleo y despertar el interés del empleador potencial. Carlos puede resaltar por qué está interesado en la empresa y el puesto, así como qué calificaciones aporta. Para el proceso de solicitud, los emigrantes españoles pueden cargar sus documentos de solicitud en los portales de empleo o sitios web de empresas. Además, existen portales especializados que ayudan a crear currículums y cartas de presentación:

o Europass (https://europa.eu/europass/eportfolio/screen/ cv-editor?lang=es): Europass ofrece plantillas gratuitas para currículums y cartas de presentación que cumplen con los estándares europeos.

o   JobLeads (www.jobleads.de): JobLeads ofrece apoyo en la creación de currículums profesionales y también proporciona un servicio de solicitud.

Consejo: Utilicen estos portales para diseñar profesionalmente sus documentos de solicitud y causar una buena primera impresión en los posibles empleadores.

Ejemplo:

María, una arquitecta española que desea trabajar en Alemania, adapta sus documentos de solicitud individualmente para cada solicitud. Utilice sus contactos en XING y Linkedin para conocer empleadores potenciales y obtener información sobre empresas que contratan arquitectos.

3.3 Reconocimiento de profesiones y evaluación de cualificaciones

Para muchas profesiones en Alemania, el reconocimiento de las cualificaciones profesionales es de gran importancia. Esto se aplica especialmente a profesiones reguladas como médicos, maestros, ingenieros y personal de enfermería. El reconocimiento de profesiones es el proceso mediante el cual se verifica la equivalencia de los títulos profesionales extranjeros con los estándares alemanes. La responsabilidad del reconocimiento de profesiones recae en las respectivas asociaciones profesionales o cámaras.

Consejos y trucos para el reconocimiento de profesiones:

o Obtención temprana de información: Los emigrantes españoles deben informarse sobre los requisitos para el reconocimiento de profesiones antes de su llegada a Alemania y, si es necesario, ponerse en contacto con la entidad responsable.

o Permiso de empleo provisional: En algunos casos, es posible obtener un permiso de empleo provisional mientras se lleva a cabo el proceso de reconocimiento de profesiones. Esto permite a los emigrantes trabajaren su profesión mientras se procesa el reconocimiento.

o Cursos y exámenes de adaptación: Según la profesión y el nivel de formación, puede ser necesario completar un curso de adaptación o un examen de aptitud para demostrar la equivalencia de la calificación profesional extranjera con los estándares alemanes. Estas medidas aseguran que las habilidades y conocimientos profesionales se ajusten a los requisitos del mercado laboral alemán.

o Asesoramiento en centros de reconocimiento y calificación: Existen centros especializados de asesoramiento, conocidos como "centros de reconocimiento y calificación", que ayudan con el reconocimiento de profesiones y la integración en el sistema laboral alemán. Aquí, los emigrantes reciben información importante sobre el proceso de reconocimiento, los documentos necesarios y las ofertas de apoyo.

El reconocimiento de profesiones en Alemania se lleva a cabo por diferentes entidades, según la profesión y la cualificación:

o Para profesiones médicas (médicos, personal de enfermería), la entidad responsable es el "Zentralstelle für ausländisches Bildungswesen" (ZAB). El ZAB está ubicado en la Secretaría de la Conferencia de Ministros de Cultura y evalúa los certificados educativos extranjeros en el campo de la salud.

o Para ingenieros, la "Zentralstelle für ausländisches Bildungswesen für Ingenieure und Techniker" (ZAB für Ingenieure) es la entidad responsable.

o Los maestros pueden ponerse en contacto con los ministerios de cultura de los estados federados para reconocer su calificación docente.

Consejo: Infórmense con anticipación sobre las entidades responsables para el reconocimiento de su profesión específica y contacten con ellas para conocer los pasos necesarios.

Centros de asesoramiento para el reconocimiento e integración:

o Red IQ Alemania (www.netzwerk-iq.de): La Red IQ Alemania ofrece asesoramiento y apoyo integral para el reconocimiento de títulos profesionales extranjeros y la integración en el mercado laboral alemán.

o Puntos de contacto para el reconocimiento de cualificaciones profesionales extranjeras" (www.anerkennung-in-deutschland.de). Aquí encontrarán una base de datos con centros de asesoramiento para el reconocimiento de profesiones en Alemania.

Consejo: Los centros de asesoramiento pueden ayudarles a comprender el proceso de reconocimiento de profesiones y tomar las medidas necesarias para obtener el reconocimiento de sus cualificaciones profesionales.

Ejemplo:

Juan, un médico español que desea ejercer en Alemania, se informó previamente sobre el reconocimiento de su diploma de medicina. Presenta todos los documentos necesarios a la respectiva cámara médica alemana y, si es necesario, participa en un curso de adaptación para demostrar la equivalencia de su diploma con el estándar alemán.

Resumen:

El capítulo "Trabajo y Profesión" ofrece a los emigrantes españoles una guía integral y fácil de entender para la búsqueda de empleo, el proceso de solicitud y el reconocimiento de profesiones en Alemania. El mercado laboral alemán ofrece numerosas oportunidades de empleo en diferentes sectores, accesibles a través de bolsas de trabajo en línea y portales de empleo. Los documentos de solicitud deben redactarse cuidadosamente en alemán y respetar la cultura de solicitud alemana. El networking, las solicitudes específicas y la utilización de centros de asesoramiento pueden aumentar las posibilidades de éxito en la búsqueda de empleo. El reconocimiento de profesiones es fundamental para muchas profesiones. La obtención temprana de información y, si es necesario, la participación en cursos o exámenes de adaptación facilitan una integración exitosa en el sistema laboral alemán. Con estos valiosos consejos y trucos, los emigrantes españoles pueden presentarse de manera óptima en el mercado laboral alemán y dar el siguiente paso en su carrera profesional en Alemania.

Capítulo 4: Seguro de Salud

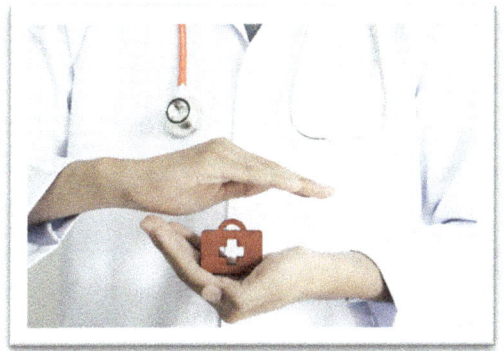

El capítulo "Seguro de Salud" aborda el importante tema de la atención médica para los emigrantes españoles en Alemania. Ofrece una visión general exhaustiva de las diferentes opciones de seguro de salud y cómo cumplir con la obligación del seguro de salud en Alemania. El objetivo es proporcionar a los lectores una base sólida para tomar decisiones informadas y garantizar una cobertura de salud adecuada y acceso a la atención médica en Alemania.

4.1 Seguro de Salud Estatal en Alemania

En Alemania, existe una obligación de seguro de salud para todos los residentes, incluidos los emigrantes que se registran como residentes en Alemania. El seguro de salud estatal (GKV, por sus siglas en alemán: Gesetzliche Krankenversicherung) es una opción importante para los trabajadores que se encuentran por debajo de ciertos límites de ingresos. En el GKV, los servicios están estandarizados y establecidos por el legislador. Las contribuciones al GKV son compartidas a partes iguales entre el empleador y el empleado.

Ejemplos de aseguradoras de salud estatales en Alemania son:

AOK(Allgemeine Ortskrankenkasse)	TK (Techniker Krankenkasse)
Barmer	DAK - Gesundheit
BKK (Betriebskrankenkasse)	

La cantidad de las contribuciones al seguro de salud estatal depende de varios factores, como los ingresos, el estado civil y el modelo de seguro elegido. La tasa de contribución generalmente representa un porcentaje fijo del ingreso bruto, pero también hay un límite máximo de contribución hasta el cual se calculan las cuotas.

Ejemplo:
María, una emigrante española que trabaja como empleado en Alemania y tiene un ingreso bruto mensual de 3.500€ euros, elige AOK como su seguro de salud estatal. La tasa de contribución es del 14,6% del ingreso bruto, lo que significa que María y su empleador pagan cada uno el 7,3%. Por lo tanto, su cuota mensual para el seguro de salud estatal es de 255,50€ (3.500€ * 0,073).

💡 Consejo: Infórmate sobre las diferentes aseguradoras de salud estatales y sus servicios, ya que puede haber diferencias. Comparar los seguros de salud puede ayudar a encontrar una cobertura adecuada.

4.2: Opciones de Seguro de Salud Privado

Para los emigrantes con ingresos más altos o trabajadores autónomos, existe la posibilidad de optar por un seguro de salud privado. El seguro de salud privado (PKV, por sus siglas en alemán: Private Krankenversicherung) ofrece servicios y tarifas personalizadas, según las necesidades del asegurado. A diferencia del seguro de salud estatal, donde las cuotas están vinculadas al ingreso, las cuotas del seguro de salud privado se calculan en función de características individuales de riesgo. Es importante informarse sobre las diferentes compañías de seguros de salud privados y las opciones de tarifas para encontrar una cobertura adecuada que se ajuste a las necesidades y posibilidades financieras individuales.

Ventajas del seguro de salud privado:

1. Servicios personalizados: El seguro de salud privado permite personalizar los servicios. Los asegurados pueden elegir entre diferentes tarifas y opciones adicionales para obtener una protección personalizada.

2. Elección libre de médicos: Por lo general, los asegurados

privados tienen la opción de elegir a su médico y disfrutar de tiempos de espera más cortos.

3. Comodidades y beneficios adicionales: Las tarifas premium a menudo ofrecen servicios adicionales, como tratamiento por médico especialista, habitación individual en el hospital y cobertura para terapias alternativas.

4. Franquicia: Los asegurados pueden reducir sus cuotas mensuales a través de una franquicia, asumiendo parte de los costos en caso de enfermedad.

Ejemplos de compañías de seguros de salud privados en Alemania son:

Allianz Private Krankenversicherung (KV)	Debeka Private KV
DKV Deutsche Private KV	HUK - Coburg Private KV
Continentale Private KV	

Imagen 1 Ejemplos compañías seguros salud privados

Las cuotas del seguro de salud privado varían según factores individuales como el alcance de los servicios deseados, la edad y el estado de salud del asegurado. Es recomendable comparar diferentes ofertas de seguros para encontrar una cobertura que se ajuste a las necesidades y posibilidades financieras individuales.

Ejemplo de cálculo 1:

Max, 30 años, consultor de TI autónomo

Max tiene 30 años y trabaja como consultor de TI autónomo. Quiere una cobertura integral y elige una tarifa que cubra tratamientos ambulatorios, hospitalarios y odontológicos. Su prima mensual de seguro de salud asciende a unos 400€.

Ejemplo de cálculo 2 :

Sofía, 25 años, empleada de marketing

Sofía tiene 25 años y trabaja como empleada de marketing en una empresa. Opta por una tarifa básica con franquicia para ahorrar costos. Su prima mensual es de aproximadamente 200€.

Ejemplo de cálculo 3 :

Carlos, 40 años, ejecutivo de alto nivel.

Carlos tiene 40 años y ocupa un puesto directivo en una empresa. Elige una tarifa Premium con servicios adicionales como tratamiento por médico especialista y habitación individual en el hospital. Su prima mensual de seguro de salud es de aproximadamente 700€.

Ejemplo de cálculo 4 :

Elena, 35 años, artista autónoma.

Elena tiene 35 años y trabaja como artista autónoma. Quiere acceso terapias alternativas y elige una tarifa que cubra tratamientos por médicos no convencionales. Su prima es de unos 300€.

Es importante tener en cuenta que las cuotas reales pueden variar según la compañía de seguros, el alcance de los servicios, la edad, el estado de salud y las opciones de tarifa individuales. La elección de un seguro de salud privado debe considerarse cuidadosamente y basarse en necesidades individuales.

Consejo: Antes de contratar un seguro de salud privado, es recomendable comparar diferentes ofertas, revisar las condiciones del contrato y, si es necesario, obtener asesoramiento personal de los proveedores de seguros. De esta manera, los emigrantes españoles pueden beneficiarse de una cobertura de seguro integral y una alta flexibilidad y comodidad para proteger su salud de la mejor manera posible.

4.3: Cumplimiento de la Obligación del Seguro de Salud

En Alemania, existe una obligación de seguro de salud que requiere que todos los residentes tengan un seguro de salud. Para los trabajadores con ingresos regulares, el seguro de salud estatal suele ser la primera opción, ya que las cuotas se deducen automáticamente del salario.

Para los trabajadores autónomos, profesionales independientes y emigrantes que no están en un empleo fijo, deben contratar un seguro de salud por sí mismos. Aquí, pueden elegir entre un seguro de salud estatal o privado, dependiendo de sus necesidades individuales y posibilidades financieras.

💡 Consejo: Para cumplir con la obligación del seguro de salud, es importante ocuparse de contratar un seguro a tiempo y presentar un certificado de cobertura de seguro. De lo contrario, podrían aplicarse sanciones y multas.

Ejemplo :

Laura, una emigrante española que trabaja como profesional independiente en Alemania, opta por un seguro de salud privado porque busca servicios específicos y una cobertura flexible. Ella compara diferentes ofertas y elige una tarifa que se adapta mejor a sus necesidades.

El seguro de salud estatal ofrece servicios estandarizados y se financia a través de las cuotas, que se dividen a partes iguales entre el empleado y el empleador. Algunos ejemplos de aseguradoras de salud estatales en Alemania son AOK, TK, Barmer, DAK-Gesundheit y BKK.

Para los emigrantes con ingresos más altos o trabajadores autónomos, la opción de un seguro de salud privado es posible. El seguro de salud privado permite una personalización de los servicios y las tarifas, de acuerdo a las necesidades del asegurado. Algunos ejemplos de compañías de seguros de salud privados en Alemania son: (véase Imagen 1 Ejemplos compañías seguros salud privados)

Las cuotas del seguro de salud privado varían según el alcance deseado de los servicios, la edad y el estado de salud del asegurado. A diferencia del seguro de salud estatal, donde las cuotas están vinculadas al ingreso, las cuotas del seguro de salud privado se calculan en función de características individuales de riesgo.

Es importante cumplir con la obligación del seguro de salud en Alemania, ya sea que el individuo esté en un empleo fijo o sea trabajador autónomo. Para los empleados con ingresos regulares, el seguro de salud estatal suele ser la opción más obvia, mientras que los autónomos y profesionales independientes pueden elegir entre el seguro de salud estatal y privado.

 Consejo: Para encontrar el seguro de salud adecuado, los emigrantes deben examinar cuidadosamente sus necesidades individuales y posibilidades financieras. Comparar diferentes ofertas de seguros y recibir asesoramiento personal de los proveedores de seguros puede ayudar a encontrar una cobertura adecuada.

4.4: Consejos para elegir el mejor seguro de salud

Elegir el mejor seguro de salud en Alemania puede ser una

decisión importante y compleja. Aquí hay algunos consejos útiles para ayudar a los emigrantes españoles a tomar una decisión informada:

1. Evaluar necesidades personales: Antes de elegir un seguro de salud, es importante evaluar las necesidades individuales y las de la familia. Pregúntate qué servicios y coberturas son prioritarios para ti y si tienes alguna condición de salud preexistente que requiera atención específica.

2. Comparar las opciones disponibles: Existen numerosas compañías de seguros de salud en Alemania, tanto estatales como privadas. Compara diferentes opciones en términos de cobertura, servicios adicionales, cuotas mensuales y deducibles. Busca reseñas y opiniones de otros usuarios para obtener una visión más amplia.

3. Considerar el historial y reputación del asegurador: Investiga la solidez financiera y la reputación del asegurador antes de tomar una decisión. Busca compañías con una buena trayectoria en la prestación de servicios de calidad y un buen servicio al cliente.

4. Evaluar el alcance de la cobertura: Asegúrate de que el seguro de salud que elijas cubra los servicios y

tratamientos que son importantes para ti. Verifica si incluye visitas al médico, hospitalización, medicamentos, atención dental y otros servicios esenciales.

5. Analizar las tarifas y deducibles: Compara las cuotas mensuales y los deducibles de diferentes seguros de salud. Equilibra el costo con el alcance de la cobertura para encontrar la opción más adecuada para tus necesidades y presupuesto.

6. Revisar las opciones de atención médica: Si tienes preferencias en cuanto a médicos o especialistas, asegúrate de que el seguro de salud elegido te permita acceder a ellos. Algunos seguros ofrecen una red de proveedores específica, mientras que otros pueden ofrecer una mayor libertad para elegir.

7. Tener en cuenta la flexibilidad y portabilidad: Si hay posibilidades de cambios en tu situación laboral o personal, considera la portabilidad del seguro de salud. Algunas pólizas pueden ser más flexibles en términos de cambios de empleo o residencia.

8. Consultar a un asesor de seguros: Si te sientes abrumado

por las opciones y los detalles, considera buscar asesoramiento de un agente de seguros especializado en seguros de salud. Un asesor puede brindarte información personalizada y ayudarte a encontrar la mejor opción para ti.

Recuerda que la elección del seguro de salud es una decisión importante y puede tener un impacto significativo en tu bienestar y el de tu familia. Tómate el tiempo necesario para investigar y comparar opciones antes de tomar una decisión.

Enlaces útiles:

Gesetzliche Krankenversicherung: www.gkv.de

Private Krankenversicherung: www.pkv.de

Resumen

El capítulo "Seguro de Salud" proporciona a los emigrantes españoles información valiosa sobre el sistema de atención médica en Alemania y las opciones de seguro de salud. Es esencial cumplir con la obligación del seguro de salud en Alemania y asegurarse de tener una cobertura adecuada para garantizar el acceso a la atención médica cuando sea necesario. Ya sea eligiendo una aseguradora estatal o privada, es importante examinar cuidadosamente las opciones disponibles y considerar las necesidades personales y financieras. Con la información y los consejos proporcionados, los emigrantes españoles pueden tomar decisiones informadas y proteger su salud de manera efectiva en Alemania. Mantenerse asegurado adecuadamente brinda tranquilidad y permite disfrutar de la vida en Alemania sabiendo que la salud está protegida.

Capítulo 5: Idioma

El capítulo "Idioma" aborda uno de los aspectos más importantes para una exitosa integración en Alemania: el idioma alemán. El conocimiento del alemán es crucial para desenvolverse bien en la vida cotidiana, en el ámbito laboral y en las interacciones sociales. Este capítulo ofrece a los emigrantes españoles una guía completa y fácil de entender sobre la importancia del idioma alemán, las opciones para aprenderlo y valiosos consejos y trucos para aprender alemán de forma rápida y efectiva.

5.1 Importancia del idioma alemán en la vida cotidiana

El idioma alemán es el idioma oficial en Alemania y es hablado por la mayoría de las personas en el país. La importancia del idioma alemán en la vida cotidiana no puede subestimarse, ya que facilita el acceso a la educación, el empleo, las instituciones gubernamentales y las actividades sociales. Con un buen conocimiento del alemán, los emigrantes pueden comunicarse más fácilmente con los lugareños, establecer amistades y desarrollar un sentido de pertenencia.

Consejo: Comienza a aprender alemán antes de emigrar. Utiliza cursos de idiomas en línea, aplicaciones móviles y plataformas de aprendizaje para mejorar tus conocimientos básicos y mantener

conversaciones simples en alemán.

5.2 Cursos de idiomas y oportunidades de aprendizaje

En Alemania, existen diversas opciones de cursos de idiomas y oportunidades de aprendizaje que ayudan a los emigrantes españoles a aprender alemán y mejorar sus habilidades lingüísticas. A continuación, presentamos algunos ejemplos actuales de cursos de idiomas y oportunidades de aprendizaje:

1. Cursos de Integración:

Los cursos de integración son ofrecidos por la Oficina Federal para la Migración y los Refugiados (BAMF) y están dirigidos especialmente a los inmigrantes y migrantes que desean aprender alemán y integrarse en la sociedad alemana. Estos cursos no solo incluyen clases de idioma, sino también información sobre la vida en Alemania, la cultura alemana, la sociedad y el sistema jurídico.

Información e inscripción en cursos de integración:

Sitio web de la Oficina Federal para la Migración y los Refugiados (BAMF):
www.bamf.de/DE/Themen/Integration/Integrationskurse/integr ationskurse-node.html

2. Volkshochschulen (VHS):

Los centros de educación de adultos (Volkshochschulen) están presentes en casi todas las ciudades de Alemania y ofrecen una amplia gama de cursos de alemán en diferentes niveles. Estos cursos suelen ser impartidos por profesores experimentados y brindan un entorno de aprendizaje interactivo.

Ejemplo:

Volkshochschule Berlin (www.vhsit.berlin.de): La Volkshochschule Berlin ofrece una variedad de cursos de alemán para principiantes, avanzados y alemán para negocios.

3. Cursos de idiomas en línea:

Existen numerosas plataformas en línea que ofrecen cursos de alemán interactivos y flexibles. Estos cursos permiten a los estudiantes aprender a su propio ritmo y acceder al material de aprendizaje desde cualquier lugar.

Ejemplo:

Babbel (www.babbel.com): Babbel es una plataforma popular de aprendizaje de idiomas que ofrece cursos dealemán para diferentes niveles y mejora el habla, la escucha, la lectura y la escritura a través de ejercicios interactivos.

4. Cafés de idiomas:

En muchas ciudades alemanas, se organizan cafés de idiomas donde los locales y los emigrantes pueden hablar alemán en un ambiente relajado e informal y aprender unos de otros. Estos encuentros ofrecen una excelente oportunidad para mejorar las habilidades lingüísticas al conversar con hablantes nativos.

Ejemplo: Münchner Stadtbibliothek Sprachcafé https://www.muenchner-stadtbibliothek.de/sprachcafe

El Sprachcafé München ofrece reuniones regulares donde los emigrantes pueden practicar alemán y, al mismo tiempo, conocer nuevas personas.

Consejo: Utiliza una combinación de diferentes oportunidades de aprendizaje para mejorar tus conocimientos de alemán de manera efectiva. Sumérgete en el idioma alemán consumiendo medios en alemán (películas, series, podcasts, libros) y participando activamente en conversaciones.

5.3 Integrarse e interactuar socialmente a través del conocimiento del alemán

Las habilidades de alemán son importantes no solo para el mercado laboral y para enfrentar la vida diaria, sino también para la interacción social y la comprensión cultural. Dominar el idioma alemán facilita la integración en la sociedad alemana, permite establecer nuevas amistades y comprender mejor la diversidad cultural de Alemania.

Consejo: Busca oportunidades para utilizar el alemán en tu vida cotidiana. Únete a clubes, grupos deportivos u otras actividades recreativas donde se hable alemán. Participa en actividades de voluntariado o

asiste a eventos culturales para mejorar tu nivel de idioma y establecer nuevos contactos.

Resumen:

El capítulo "Idioma" ofrece a los emigrantes españoles una guía completa sobre cómo aprender el idioma alemán e integrarse en la sociedad alemana. El conocimiento del alemán es crucial para la vida cotidiana, el empleo y las interacciones sociales. Los emigrantes deben comenzar a aprender alemán antes de llegar y aprovechar diversas oportunidades de aprendizaje, incluyendo cursos de integración, cursos de Volkshochschulen, cursos en línea y cafés de idiomas. Con buenos conocimientos de alemán, los emigrantes pueden integrarse fácilmente en la sociedad alemana, desarrollar un sentido de pertenencia y comprender mejor la diversidad cultural de Alemania. Utiliza los valiosos consejos y trucos para mejorar tus habilidades de alemán de manera efectiva y convertirte en un miembro exitoso de la comunidad alemana.

Capítulo 6: Búsqueda de vivienda

La búsqueda de vivienda en Alemania puede ser un desafío, pero con la información y los consejos adecuados, el proceso se facilita. Este capítulo ofrece a los emigrantes españoles una guía completa sobre cómo buscar vivienda en Alemania. Desde la planificación y el presupuesto hasta el exitoso alquiler de una vivienda, aquí encontrarán todo lo que necesitan saber para encontrar un alojamiento adecuado.

6.1 Los desafíos de la búsqueda de vivienda

El mercado de viviendas en Alemania puede ser muy competitivo en ciertas regiones, especialmente en grandes ciudades como Berlín, Múnich, Hamburgo y Frankfurt. Hay algunos desafíos a los que debe estar preparado:

o Alta demanda: En áreas urbanas y zonas residenciales populares, la demanda de viviendas puede ser alta, lo que

43

lleva a una oferta limitada y precios de alquiler en aumento.

o Control de precios de alquiler: En algunas ciudades alemanas, se aplica el control de precios de alquiler, que limita la cantidad de alquiler que el propietario puede cobrar. Infórmese sobre las regulaciones vigentes en su ciudad de destino.

o Solicitud de vivienda: Al solicitar una vivienda, es común presentar al propietario una carpeta de solicitud con sus datos personales, comprobantes de ingresos y referencias.

o Aceptación de vivienda: La aceptación de una vivienda suele ocurrir rápidamente, por lo que es importante dejar una buena impresión durante la visita y tener todos los documentos necesarios preparados.

Consejo: Comience la búsqueda de su vivienda con suficiente antelación para tener tiempo para realizar visitas y preparar su carpeta de solicitud.

6.2 Mercado inmobiliario en ciudades alemanas

El mercado inmobiliario en Alemania varía según la región. Las grandes ciudades suelen tener precios de alquiler más altos y una mayor variedad de viviendas, mientras que las ciudades más pequeñas y las zonas rurales ofrecen alquileres más asequibles. Los portales inmobiliarios en línea y los anuncios en periódicos son buenas fuentes para encontrar ofertas de viviendas actualizadas.

Ejemplos de portales inmobiliarios en línea:

1. ImmobilienScout24 (www.immobilienscout24.de): Uno de los mayores portales inmobiliarios de Alemania con una amplia selección de viviendas y casas para alquilar o comprar.

2. WG-Gesucht (www.wg-gesucht.de): Especializado en la búsqueda de apartamentos compartidos y habitaciones en alquiler. Ideal para emigrantes que buscan una opción de alojamiento económica y social.

3. Immonet (www.immonet.de): Ofrece una variedad de ofertas de viviendas en diferentes ciudades y regiones.

Ejemplo :

María, busca un apartamento en Múnich y utiliza ImmobilienScout24 para buscar apartamentos de 1-2 habitaciones en el centro de la ciudad. Aplica filtros para ajustar su rango de precios de alquiler preferido y puede ver una lista clara de ofertas de viviendas.

6.3 Consejos para una exitosa búsqueda de vivienda

Para mejorar sus posibilidades durante la búsqueda de vivienda, siga algunos consejos probados:

1. Presupuesto: Defina su presupuesto para el alquiler y los costos adicionales, y tenga en cuenta también el depósito, que suele ser equivalente a tres meses de alquiler.

2. Informe personal y aval: Prepare su informe personal y, si es necesario, un aval para demostrar a los propietarios su solvencia financiera.

3. Visitas: Asista a la mayor cantidad posible de visitas a viviendas para comparar diferentes opciones y encontrar el alojamiento que mejor se adapte a sus necesidades.

4. Carpeta de solicitud: Prepare una carpeta de solicitud cuidadosamente con sus datos personales, comprobantes de ingresos, informe crediticio y referencias, si las tiene.

5. Utilice sus contactos: Informe a sus amigos, colegas y conocidos sobre su búsqueda de vivienda, ya que a menudo las viviendas se alquilan mediante recomendaciones personales.

6. Opciones de alojamiento alternativas: Si la búsqueda de vivienda en su área preferida es difícil, considere temporariamente una vivienda amueblada, una habitación en un apartamento compartido o un subarriendo.

Consejo: Sea paciente y no se desanime si no encuentra una vivienda adecuada de inmediato. Con perseverancia y la preparación adecuada, encontrará su nuevo hogar en Alemania.

6.4 Alquiler de vivienda y contrato de arrendamiento

Después de una exitosa búsqueda de vivienda y obtener la aceptación para una vivienda, sigue el proceso de alquiler y la firma de un contrato de arrendamiento. El contrato de arrendamiento es un documento legalmente vinculante que regula los derechos y obligaciones del arrendatario y el arrendador.

Aspectos importantes en la firma de un contrato de arrendamiento:

o Duración del contrato y período de aviso: El contrato de arrendamiento incluye la duración del alquiler y el período de aviso. Por lo general, el período de aviso para los inquilinos en Alemania es de tres meses.

o Depósito de alquiler: El depósito de alquiler generalmente equivale a tres meses de alquiler sin gastos y es retenido por el propietario como garantía ante posibles daños o pagos de alquiler pendientes. El depósito se devuelve al inquilino al final del contrato de arrendamiento si no hay daños.

o Costos adicionales: Además del alquiler básico, pueden surgir costos adicionales (gastos de funcionamiento), como calefacción, agua y recolección de basura. Estos costos se pagan como un anticipo mensual y se liquidan una vez al año.

o Inspección de la vivienda: Al recibir la vivienda, se debe documentar el estado de la misma y notificar al propietario cualquier defecto o daño para evitar malentendidos.

Consejo: Lea cuidadosamente el contrato de arrendamiento y aclare cualquier pregunta con el propietario antes de firmar. Es recomendable obtener el contrato de arrendamiento en alemán o solicitar una traducción para comprender completamente los términos del contrato.

6.5 Apartamentos amueblados y subarriendo

Para los emigrantes españoles que buscan una opción de vivienda flexible o necesitan un alojamiento temporal, los apartamentos amueblados o el subarriendo pueden resultar interesantes.

Apartamentos amueblados: Los apartamentos amueblados vienen completamente equipados, lo que facilita la mudanza ya que no es necesario llevar muebles propios. Esta opción es ideal para aquellos que no planean a largo plazo y buscan una solución de vivienda a corto plazo.

Subarriendo: Al subarrendar, usted alquila una habitación o apartamento de un inquilino principal que ya ha firmado un contrato de arrendamiento con el propietario. Esta opción suele ser más económica que alquilar un apartamento completo y le permite mantener su flexibilidad hasta que encuentre una solución de vivienda a largo plazo.

Ejemplo :

Antonio, decide vivir temporalmente en un apartamento amueblado, ya que aún no está seguro de en qué zona de la ciudad desea quedarse a largo plazo. Utiliza un portal en línea de apartamentos amueblados para encontrar una opción adecuada cerca de su lugar de trabajo.

6.6 Apoyo a través de agencias de intermediación de vivienda y cursos de integración

Para ayudar a los emigrantes españoles en su búsqueda de vivienda y su integración en la sociedad alemana, varias organizaciones ofrecen asistencia. Existen agencias especializadas en intermediación de vivienda que pueden ayudar en la búsqueda de alojamiento y en la solicitud de alquiler de un apartamento.

Además, los cursos de integración organizados por la Oficina Federal para la Migración y los Refugiados (BAMF) proporcionan información importante sobre la vida en Alemania, el idioma alemán y la cultura del país. Estos cursos también pueden tratar temas relacionados con el mercado de viviendas y aspectos importantes de la búsqueda de vivienda.

Enlaces a agencias de intermediación de vivienda:

o "Wohnungsvermittlung für Zuwanderer" (www.wohnungsvermittlung-fuer-zuwanderer.de):	Esta plataforma ofrece apoyo en la búsqueda de vivienda para personas con antecedentes migratorios.

o "Wohnen-in-Deutschland"(www.wohnen-in-deutschland.de): Aquí encontrará información sobre vivir en Alemania, incluyendo una lista de agencias de intermediación de vivienda en diferentes ciudades.

Enlaces a cursos de integración:

"Cursos de Integración del BAMF"

https://bamf-navi.bamf.de/de/Themen/Integrationskurse/

Información sobre los cursos de integración y sus contenidos, así como una lista de proveedores de cursos de integración en diferentes ciudades.

El capítulo "Búsqueda de vivienda" ofrece a los emigrantes españoles una guía completa para encontrar una vivienda adecuada en Alemania. La búsqueda de vivienda puede ser desafianto, especialmente en grandes ciudades con alta demanda. Es importante comenzar la búsqueda con suficiente antelación y comparar diferentes ofertas de viviendas en portales inmobiliarios en línea como ImmobilienScout24, WG-Gesucht e Immonet.

Resumen:

Para mejorar sus posibilidades durante la búsqueda de vivienda, debe definir su presupuesto para el alquiler y los costos adicionales, y organizar bien sus finanzas. Prepare una carpeta de solicitud cuidadosamente y sea amable y abierto durante las visitas a las viviendas.

Si la búsqueda de vivienda en su área preferida es difícil, considere opciones de alojamiento alternativas como viviendas amuebladas, habitaciones en apartamentos compartidos o subarriendo.

Ejemplo :

Sofía, una emigrante española, comenzó su búsqueda de vivienda con anticipación y utilizó diferentes portales inmobiliarios en línea. Gracias a una carpeta de solicitud bien preparada y una visita exitosa, recibe la aceptación para un apartamento amueblado cerca de su nuevo lugar de trabajo. Decide subarrendar temporalmente mientras sigue buscando una solución de vivienda a largo plazo.

Consejos finales:

1. Comience temprano con la búsqueda de vivienda y participe en muchas visitas a viviendas.

2. Defina su presupuesto y organice sus finanzas con anticipación.

3. Prepare una carpeta de solicitud cuidadosamente y sea educado y amistoso durante las visitas a las viviendas.
4. Informe a sus amigos y conocidos sobre su búsqueda de vivienda, ya que las recomendaciones personales a menudo llevan al éxito.

5. Considere apartamentos amueblados o subarriendo como soluciones temporales de alojamiento.

6. Lea atentamente el contrato de arrendamiento y aclare cualquier duda antes de firmar. Se recomienda obtener el contrato en alemán o solicitar una traducción para comprender completamente los términos del contrato.

 En resumen, la búsqueda de vivienda en Alemania es factible si se prepara con suficiente antelación y utiliza los recursos disponibles. Con paciencia y perseverancia, encontrará una vivienda adecuada y se adaptará rápidamente a su nuevo hogar en Alemania.

Capítulo 7: Finanzas

 El capítulo "Finanzas" se dedica a los aspectos importantes de la preparación y planificación financiera necesarios antes de emigrar a Alemania.

Una planificación financiera cuidadosa es crucial para garantizar un comienzo exitoso en Alemania. Aquí aprenderá cómo preparar sus finanzas, estimar sus costos de vida y abrir una cuenta bancaria. Además, se informará sobre aspectos importantes como los impuestos, la seguridad social y los derechos de pensión.

7.1 Preparación Financiera antes de la Emigración

Antes de comenzar su viaje a Alemania, es importante analizar su situación financiera y hacer los preparativos necesarios. Tenga en cuenta los costos de emigración, el tiempo que necesitará para establecerse en Alemania y posibles gastos imprevistos.

o   Crear un presupuesto de emigración: Registre todos los gastos relacionados con su emigración, incluidos los costos de viaje, mudanza, tarifas de visa y otros gastos administrativos. De esta manera, tendrá una visión general de su situación financiera y podrá tomar medidas de ahorro si es necesario.

o   Fondo de emergencia: Es recomendable tener un fondo de emergencia para gastos inesperados o dificultades financieras durante los primeros meses después de su llegada a Alemania. Un fondo de emergencia puede ayudarlo a sentirse más seguro durante el período de adaptación y evitar dificultades financieras.

o   Impuestos y contribuciones: Infórmese sobre los aspectos fiscales de la emigración tanto en España como en Alemania. Puede ser útil obtener información sobre declaraciones y pagos de impuestos con anticipación para evitar sorpresas desagradables.

o   Seguros: Revise sus seguros existentes y determine si seguirán siendo válidos en el extranjero o si necesita seguros adicionales. Por ejemplo, un seguro de salud en el extranjero es importante antes de inscribirse en un seguro de salud alemán.

o   Documentos y traducciones: Asegúrese de llevar consigo todos los documentos importantes, como certificados de nacimiento, matrimonio, títulos y identificaciones, con traducciones certificadas. Estos podrían ser importantes más adelante para la acreditación de cualificaciones educativas y profesionales.

Consejo: Haga una lista de verificación para asegurarse de considerar todos los aspectos financieros y estar bien preparado para comenzar su nueva vida en Alemania.

7.2 Costos de Vida y Planificación de Presupuesto

Alemania es conocida por su alta calidad de vida, pero también por costos de vida relativamente altos. Los gastos en alquiler, alimentos, transporte, atención médica y otros rubros pueden variar según la región y el estilo de vida personal. Especialmente en ciudades más grandes como Berlín, Múnich o Hamburgo, los costos de vida tienden a ser más altos que en áreas rurales.

Vivienda: Los precios de alquiler en Alemania han aumentado en los últimos años, especialmente en las áreas metropolitanas. Los costos mensuales de alquiler dependen del tamaño y la ubicación del apartamento. En algunas ciudades, la búsqueda de vivienda puede ser desafiante, y es recomendable ocuparse de encontrar una vivienda adecuada con suficiente antelación.

Alimentos: Los costos de alimentos y necesidades diarias pueden variar según las preferencias personales y hábitos de compra. Por lo general, los supermercados tienen precios asequibles, mientras que las tiendas especializadas o los mercados orgánicos pueden ser un poco más caros.

Transporte: Alemania cuenta con un sistema de transporte público bien desarrollado, que incluye trenes, metros, tranvías y autobuses. Los precios del transporte público varían según la ciudad y las zonas tarifarias. El costo de tener un automóvil puede incluir combustible, seguro y mantenimiento.

Atención Médica: Los costos de atención médica están cubiertos en gran parte por el sistema de seguridad social alemán. Sin embargo, las pólizas de seguro de salud privadas pueden implicar costos adicionales. Es importante informarse sobre las diferentes opciones de seguros para encontrar una solución adecuada a sus necesidades.

Actividades de Ocio: Los costos de las actividades de ocio, como restaurantes, cines, deportes o eventos culturales, pueden variar. En las grandes ciudades, a menudo hay una amplia variedad de opciones de entretenimiento. Recuerde que también hay muchas actividades gratuitas o de bajo costo que ofrecen una oferta diversa de ocio.

Comparación con la Vida en España: Como emigrante que ha vivido en España, ya tiene experiencia con los costos de vida en su país de origen. Al mudarse a Alemania, es importante tener en cuenta que los costos de vida aquí pueden ser diferentes a los de España. Aunque Alemania es uno de los países económicamente más fuertes de Europa, los costos de vida, especialmente en las grandes ciudades, tienden a ser más altos que en algunas regiones de España.

Consejos y Trucos Valiosos:

1. Planificación Presupuestaria: Cree un presupuesto detallado que incluya todos los gastos para tener un mejor control de su situación financiera y posiblemente identificar áreas de ahorro.

2. Potencial de Ahorro: Aproveche las oportunidades de ahorro, como ofertas especiales en supermercados,

descuentos en transporte público o compartir costos de alquiler en una vivienda compartida.

3. Seguro Médico: Investigue a fondo las diferentes opciones de seguro médico y elija uno que se adapte a sus necesidades. En el caso del seguro de salud público, asegúrese de inscribirse a tiempo para garantizar una cobertura completa.

4. Prestaciones Sociales: Infórmese sobre las posibles prestaciones sociales a las que podría tener derecho, como la asignación por hijo o el subsidio de vivienda. Esto podría ayudar a apoyar su situación financiera adicionalmente.

5. Buscar Apoyo: No dude en buscar servicios de asesoramiento o cursos de integración. Allí recibirá información valiosa y apoyo para su planificación financiera y su integración en Alemania.

Enlaces a Sitios Web Útiles:

o Portal de información del Gobierno Federal sobre Finanzas y Dinero:

https://www.bundesfinanzministerium.de/

o Deutsche Rentenversicherung (Seguro de Pensiones Alemán):

https://www.deutsche-rentenversicherung.de/

o Oficina Federal para la Educación Sanitaria (Bundeszentrale für gesundheitliche Aufklärung): https://www.infektionsschutz.de/

o Bolsa de Empleo de la Agencia Federal de Empleo (Jobbörse der Bundesagentur für Arbeit): https://www.arbeitsagentur.de/arbeitslos-arbeit-finden

o Portal de Comparación de Seguros: https://www.check24.de/versicherungen/

o Portal de la Ciudad para la Búsqueda de Viviendas: https://www.immobilienscout24.de/

o Portal de Información sobre el Sistema Fiscal Alemán: https://www.steuern.de/

Consejo: Asegúrese de que los sitios web que utilice sean fuentes confiables y proporcionen información actualizada.

Con esta valiosa información y consejos, está ahora preparado para su planificación financiera y su comienzo en Alemania. Una sólida planificación financiera le permitirá una transición sin problemas y le ayudará a aprovechar al máximo sus nuevas condiciones de vida en Alemania. Recuerde que es normal sentirse un poco inseguro al principio, pero con el tiempo se sentirá más en casa en Alemania y podrá disfrutar plenamente de esta nueva etapa de su vida.

7.3 Cuentas Bancarias y Servicios Financieros en Alemania

La apertura de una cuenta bancaria en Alemania es un paso importante para una gestión financiera sin problemas en la vida cotidiana. Una cuenta bancaria alemana le permitirá administrar sus finanzas, recibir pagos de sueldo, realizar pagos de alquiler y facturas, y acceder a varios servicios financieros.

Apertura de una cuenta bancaria:

Para abrir una cuenta bancaria en Alemania, necesitará algunos documentos, incluidos:

1. Identificación válida o pasaporte: Como ciudadano de la UE, puede usar su DNI español o pasaporte. Los no

ciudadanos de la UE pueden necesitar presentar un permiso de residencia.

2. Certificado de registro (Meldebestätigung): Después de su llegada a Alemania, debe registrarse en la oficina local de registro (Einwohnermeldeamt). El certificado de registro es un documento importante para la apertura de una cuenta.

3. Comprobante de ingresos: Algunos bancos pueden requerir un comprobante de ingresos o una certificación de ingresos regulares para abrir una cuenta.

Selección del banco y tipo de cuenta adecuados:

En Alemania, hay una amplia variedad de bancos, incluidos los tradicionales con sucursales físicas y los bancos en línea. La elección del banco adecuado dependerá de sus preferencias personales y necesidades. Los bancos en línea a menudo ofrecen cuentas corrientes gratuitas y son especialmente adecuados para personas que desean realizar operaciones bancarias en línea.

Al seleccionar un tipo de cuenta, considere las tarifas y los servicios ofrecidos. Muchos bancos ofrecen cuentas corrientes gratuitas que son adecuadas para transacciones diarias. Piense si necesita funciones adicionales, como una tarjeta de crédito o retiros gratuitos en efectivo en el extranjero.

Manejo de Finanzas y Transacciones en Alemania:

Aquí hay algunos consejos útiles para manejar sus finanzas en Alemania:

1. Tarjeta de Débito: La tarjeta EC tradicional ya no se emite a partir de julio de 2023. En su lugar, se emiten nuevas tarjetas de débito que pueden usarse tanto en Alemania como en el extranjero y son compatibles con los sistemas de pago internacionales Visa y Mastercard. La tarjeta de débito permite pagos sin efectivo en tiendas y retirar efectivo de cajeros automáticos.

2. Tarjeta de Crédito: Las tarjetas de crédito son aceptadas en Alemania y son especialmente útiles para compras en línea o cuando viaje. Preste atención a las tarifas y posibles intereses al usar una tarjeta de crédito.

3. Pagos sin Efectivo: Los pagos sin efectivo son comunes en Alemania. Puede pagar con tarjeta en la mayoría de las tiendas y restaurantes. Sin embargo, siempre es recomendable llevar algo de efectivo, ya que no todos los lugares aceptan pagos con tarjeta.

4. Métodos de Pago Móvil: Los servicios de pago móvil como Apple Pay o Google Pay están ganando popularidad en Alemania y permiten pagos sin contacto con el teléfono inteligente.

5. Banca en Línea: Utilice la banca en línea para administrar sus finanzas cómodamente desde casa. Asegúrese de tomar precauciones de seguridad, como contraseñas sólidas y utilizar redes seguras.

Enlace a Sitio Web Útil:

o Portal de Comparación de Cuentas Bancarias: https://www.finanztip.de/girokonto/

Consejo: Antes de abrir una cuenta bancaria, compare

las ofertas de diferentes bancos para encontrar la cuenta que

mejor se adapte a sus necesidades. Preste atención a las

posibles tarifas de administración de

cuentas, tarifas de retiro de efectivo en cajeros automáticos y

la disponibilidad de banca en línea y opciones de pago móvil.

Una cuenta bancaria bien elegida facilitará su vida cotidiana y

permitirá una gestión financiera sin problemas en Alemania.

Capítulo 8: Integración

La integración en la sociedad alemana es un paso importante para un nuevo comienzo exitoso en Alemania. Se trata de adaptarse a la cultura, el idioma y las estructuras sociales para llevar una vida plena en el nuevo país. En este capítulo, le brindamos consejos e información valiosa sobre cómo adaptarse culturalmente e integrarse con éxito en la sociedad alemana.

8.1 Adaptación cultural e integración en Alemania:

La adaptación cultural es un proceso que requiere tiempo y paciencia. Aquí hay algunos consejos que pueden ayudarlo:

1. Aprender el idioma: El idioma alemán juega un papel crucial en la integración. Participe en cursos de idiomas para mejorar sus habilidades en alemán. Practique el idioma en la vida diaria y establezca contacto con hablantes nativos alemanes.

2. Sensibilidad intercultural: Sea abierto a las diferencias culturales y respete las costumbres y tradiciones de la cultura alemana. Demuestre interés en la historia y las costumbres del país.

3. Contactos sociales: Establezca relaciones con vecinos alemanes, colegas o asociaciones. Esto le permitirá hacer nuevas amistades y aprender más sobre la cultura local.

4. Utilizar fuentes de información: Aproveche fuentes de información como libros, películas o eventos para conocer la cultura e historia alemanas.

5. Apertura y flexibilidad: Esté abierto a nuevas experiencias y cambios. La flexibilidad es una clave importante para la adaptación.

8.2 Cursos de integración y servicios de apoyo:

En Alemania, se ofrecen cursos de integración diseñados especialmente para ayudar a los extranjeros a integrarse en la sociedad alemana. Estos cursos no solo incluyen clases de alemán, sino también información sobre la vida en Alemania, la cultura, la historia, el sistema legal y mucho más. Los participantes tienen la oportunidad de establecer contactos y compartir experiencias con otros migrantes.

Un curso de integración es una excelente manera de aprender el idioma y conocer mejor la sociedad alemana. Los cursos de integración son ofrecidos por la Oficina Federal para

Migración y Refugiados (BAMF).Puede obtener información al respecto en la página web oficial de BAMF:

○ Cursos de integración de BAMF: https://www.bamf.de/DE/Themen/Integration/Zugewand erteTeilnehmende/Integrationskurse/integrationskurse-node.html

Además de los cursos de integración, también hay diferentes servicios de apoyo locales para migrantes. Estos pueden variar según la ciudad y a menudo incluyen eventos culturales, programas de intercambio de idiomas, centros de asesoramiento y grupos de interés para migrantes. Infórmese sobre los servicios disponibles en su oficina local de migración.

8.3 Integración exitosa en la sociedad alemana:

Una integración exitosa también depende de su actitud y motivación personal. Aquí hay algunos consejos adicionales que pueden ayudarlo en el proceso de integración:

1. Mostrar compromiso: Demuestre interés en la cultura alemana y participe activamente en la vida social. Asista a

eventos locales, celebraciones y festivales.

2. Hobbies e intereses: Contribuya con sus propios hobbies e intereses a la sociedad. Participe en asociaciones o grupos que compartan sus pasiones.

3. Tener paciencia: La integración es un proceso que requiere tiempo. Concédase el tiempo necesario para adaptarse y establecerse.

4. Apertura a lo nuevo: Esté abierto a nuevas experiencias y personas. Establezca contactos y acérquese a los demás.

5. Buscar apoyo: No dude en buscar ayuda si tiene dificultades o preguntas sobre la integración. Los centros de asesoramiento y las organizaciones para migrantes pueden brindarle asistencia.

Consejo: La integración en la sociedad alemana es un proceso mutuo. Participe activamente en la vida, aporte su propia cultura y muestre apertura hacia la cultura del país anfitrión. Una integración exitosa enriquece no solo su propia vida, sino también la de las personas que lo rodean.

Capítulo 9: Seguridad social e impuestos

La seguridad social y el sistema tributario en Alemania desempeñan un papel importante en la protección financiera y social de los ciudadanos. Como emigrante, es importante comprender los aspectos básicos del sistema de seguridad social y las obligaciones fiscales en Alemania para llevar a cabo su nuevo camino de vida con éxito.

9.1 El sistema de seguridad social alemán:

El sistema de seguridad social en Alemania es completo e incluye diversos pilares de seguro. Estos incluyen el seguro médico obligatorio, el seguro de jubilación, el seguro de desempleo, el seguro de cuidados y el seguro de accidentes.

Estos pilares de seguro ofrecen protección financiera y beneficios para diversas situaciones de vida.

Seguro médico obligatorio GKV(Gesetzliche Krankenversicherung): El seguro médico obligatorio es responsable de la atención médica de los asegurados. Cubre los costos de visitas médicas, hospitalización, medicamentos y otros servicios médicos. Los empleados con un ingreso bruto por debajo de cierto límite generalmente están cubiertos por el seguro médico obligatorio.

Seguro de jubilación DRV (Deutsche Rentenversicherung): El seguro de jubilación asegura la jubilación de los asegurados. Se basa en el sistema de reparto, donde las contribuciones de los empleados se utilizan para financiar las pensiones actuales. Como empleado, generalmente está obligado a tener seguro de jubilación, a menos que existan disposiciones especiales debido a acuerdos entre Alemania y su país de origen.

Seguro de desempleo (Arbeitslosenversicherung): El seguro de desempleo ofrece apoyo financiero y asesoramiento para los trabajadores que han perdido su empleo y se han registrado como desempleados. Para recibir beneficios del seguro de desempleo, debe haber pagado a este seguro durante un cierto período de tiempo.

Seguro de cuidados (Pflegeversicherung): El seguro de cuidados cubre los costos relacionados con la necesidad de cuidados. Es una parte importante de la protección social en caso de necesidad de atención yes obligatorio para todos los asegurados.

Seguro de accidentes (Unfallversicherung): El seguro de accidentes proporciona protección en caso de accidentes laborales y enfermedades profesionales. En general, es obligatorio para los empleados y es financiado por los empleadores.

Por lo general, para cada uno de estos pilares de seguro, se deben realizar contribuciones que son compartidas por igual entre el empleador y el empleado. Las contribuciones se deducen directamente del salario y se transfieren a los respectivos fondos de seguro.

9.2 Obligación fiscal y declaración de impuestos en Alemania:

Como emigrante que vive y trabaja en Alemania, usted tiene obligación fiscal. La tributación generalmente se basa en el principio de residencia, lo que significa que sus ingresos mundiales están sujetos a impuestos en Alemania. En Alemania, hay varios tipos de impuestos, incluido el impuesto sobre la renta, el impuesto al valor agregado (IVA), el impuesto a la propiedad y otros.

Impuesto sobre la renta: El impuesto sobre la renta es el impuesto más importante en Alemania y se calculasobre sus ingresos obtenidos. Esto incluye salarios, sueldos, ingresos por alquileres, intereses y otros ingresos. La tasa impositiva depende de la cantidad de ingresos y puede ser progresiva, lo que significa que aumenta con mayores ingresos.

Impuesto al valor agregado MWST ó USt (Mehrwertsteuer ó Umsatzsteuer): El impuesto al valor agregado es un impuesto al consumo que se aplica a bienes y servicios. La tasa estándar de IVA suele ser del 19%, pero también hay tarifas reducidas del 7% para ciertos bienes y servicios.

Impuesto a la propiedad: El impuesto a la propiedad es pagado por los propietarios de tierras e inmuebles. La cantidad del impuesto a la propiedad depende del tamaño y valor de la propiedad.

Como empleado, sus impuestos generalmente se retienen automáticamente a través del llamado "procedimiento de retención del impuesto sobre la renta" de su salario. Al final del año, debe presentar una declaración de impuestos en la que declare sus ingresos y gastos. La declaración de impuestos sirve para calcular su obligación fiscal real y puede dar lugar a un reembolso de impuestos si se retuvo demasiado impuesto.

Consejo: La presentación de una declaración de impuestos puede ser compleja, especialmente si es nuevo en Alemania. Puede ser útil buscar el asesoramiento de un asesor o asesora fiscal para aprovechar al máximo posibles beneficios fiscales y deducciones.

9.3 Derechos de pensión y prestaciones sociales:

El tiempo que trabaje y cotice al seguro de jubilación en Alemania afecta directamente a sus derechos de pensión. Por lo general, sus períodos de cotización también se pueden combinar con períodos de cotización de otros países de la UE, siempre que haya acuerdos correspondientes.

Como emigrante de un país de la UE, también puede tener derecho a ciertas prestaciones sociales, como el subsidio por hijos o el subsidio de desempleo. Los requisitos y condiciones pueden variar según la prestación, por lo que es importante informarse en las autoridades correspondientes.

Consejo: Infórmese sobre sus derechos de pensión y las diferentes prestaciones sociales a las que podría tener derecho. Un buen punto de contacto es la Deutsche Rentenversicherung (DRV), donde puede

obtener información sobre sus derechos de pensión y el proceso de solicitud.

Ejemplo :

María trabajó 10 años en España y luego emigró a Alemania. Como Alemania y España tienen un acuerdo de seguridad social, los periodos de cotización de María en ambos países pueden combinarse. Como resultado, puede mejorar sus derechos de pensión en Alemania y aumentar sus beneficios de jubilación.

Consejo: Es recomendable informarse con anticipación sobre sus derechos de pensión y posibles prestaciones sociales para asegurar su futuro financiero en Alemania.

9.4 Acuerdos de seguridad social dentro de la UE:

Como ciudadano de la UE, puede beneficiarse de los acuerdos de seguridad social entre los estados miembros. Estos acuerdos regulan la coordinación de la seguridad social y permiten el reconocimiento de períodos de cotización y derechos de diferentes países de la UE.

Gracias a estos acuerdos, puede considerar sus períodos de cotización en un país de la UE para los derechos de pensión en otro país de la UE. Esto también se aplica a otras prestaciones sociales, como el subsidio de desempleo o la cobertura de atención médica.

Ejemplo :

Juan trabajó varios años en Alemania y luego regresó a su país de origen, España. Debido a que Alemania y España tienen un acuerdo de seguridad social, los periodos de cotización de Juan en Alemania son reconocidos en España. Cuando Juan alcance la edad de jubilación, podrá combinar sus derechos de pensión de Alemania y España para recibir una pensión más alta.

Consejo: Infórmese sobre las regulaciones específicas del acuerdo de seguridad social entre Alemania y su país de origen para aprovechar al máximo sus derechos de pensión.

9.5 Previsión privada:

Además del seguro de jubilación obligatorio, es recomendable considerar opciones de previsión privada para mejorar su seguridad financiera en la jubilación. Una jubilación privada, como un plan de pensión Riester o un plan de pensión de empresa, puede ser un complemento valioso para la pensión obligatoria.

Riester-Rente: La Riester-Rente es una previsión privada respaldada por el Estado. Ofrece ventajas fiscales y subvenciones del gobierno para apoyar su jubilación. Como emigrante, puede continuar con su Riester-Rente si regresa a Alemania o permanece en otro país de la UE.

Previsión de empresa: Muchos empleadores en Alemania ofrecen programas de previsión de empresa. En este caso, el empleador paga una parte de su salario a una previsión de jubilación. Esta puede ser una opción atractiva para prever su jubilación además de la pensión obligatoria.

Consejo: Consulte con un asesor o asesora financiero para encontrar las mejores opciones de previsión privada para su situación individual.

9.6 Consideración fiscal de las contribuciones a la seguridad social:

En Alemania, las contribuciones al seguro de jubilación y otras ramas de seguridad social pueden tener ventajas fiscales. Esto puede ayudar a reducir su carga fiscal y aprovechar ventajas fiscales.

Ejemplo :

Pedro trabaja en Alemania y paga regularmente contribuciones al seguro de jubilación obligatorio. Estas contribuciones pueden ser deducidas como gastos especiales en su declaración de impuestos, lo que resulta en un ahorro fiscal.

Consejo: Busque el asesoramiento de un asesor o asesora fiscal para optimizar su declaración de impuestos y aprovechar las posibles ventajas fiscales y deducciones.

Resumen:

El sistema de seguridad social alemán ofrece una protección integral en diferentes áreas de la vida y es un pilar importante de la protección social en Alemania. Como emigrante, debe informarse a tiempo sobre sus derechos y obligaciones en el sistema de seguridad social alemán para beneficiarse al máximo de sus servicios y ventajas.

La tributación en Alemania se basa en el principio de residencia, y su obligación fiscal puede abarcar sus ingresos mundiales. Un enfoque temprano en el sistema tributario alemán y la presentación adecuada de su declaración de impuestos son pasos importantes para aprovechar las posibles ventajas fiscales.

La combinación de derechos de pensión y períodos de cotización de diferentes países de la UE se ve facilitada por los acuerdos de seguridad social, lo que puede favorecer la jubilación de los emigrantes. Opciones de previsión privada y la consideración fiscal de las contribuciones al seguro social ofrecen oportunidades adicionales para mejorar su situación financiera en la jubilación.

Nota: Como autora de este libro, quiero señalar que la información en este capítulo y en todo el libro no constituye asesoramiento legal o fiscal. Las explicaciones son solo una guía general.

El sistema de seguridad social y el sistema tributario alemán son temas complejos que pueden cambiar periódicamente y dependen de circunstancias individuales. Por lo tanto, es importante que busque ayuda profesional para preguntas sobre seguridad social y obligaciones fiscales en Alemania.

Seguridad social: Si tiene preguntas sobre sus derechos y obligaciones específicos en el sistema de seguridad social alemán, le recomiendo que se comunique con la Deutsche Rentenversicherung u otras instituciones de seguridad social. Estas instituciones pueden brindarle información detallada sobre sus derechos de pensión y las diferentes prestaciones sociales.

Impuestos: En asuntos fiscales, es recomendable consultar con un asesor o asesora fiscal. Un asesor financiero profesional puede evaluar su situación fiscal individual, ayudarlo a preparar su declaración de impuestos y informarle sobre posibles ventajas fiscales.

No se base únicamente en la información de este libro, busque siempre el consejo de profesionales para garantizar que gestiona sus finanzas personales y asuntos legales en Alemania de manera correcta y efectiva.

Un enfoque temprano en sus seguridades sociales y obligaciones fiscales es de gran importancia para asegurar su futuro financiero en Alemania. Con la ayuda de profesionales, puede tomar las mejores decisiones para su situación individual y aprovechar al máximo las numerosas ventajas del sistema de seguridad social y el sistema tributario alemán.

Capítulo 10. Documentos

Antes de emprender su mudanza a Alemania, es importante que prepare todos los documentos personales necesarios y se asegure de que estén actualizados. Estos documentos serán requeridos en diversas situaciones, ya sea para solicitar un visado, buscar empleo o registrarse en el registro municipal. En este capítulo, ofrecemos una visión completa de los documentos más importantes, su importancia y cómo prepararse para la validación de sus calificaciones educativas y profesionales.

10.1 Documentos personales necesarios para emigrar:

Antes de viajar a Alemania, asegúrese de llevar consigo los siguientes documentos originales o copias certificadas:

1. Pasaporte: Un pasaporte válido es un documento esencial para la emigración. Asegúrese de que su pasaporte tenga una validez de al menos seis meses más allá de la fecha prevista de salida.

2. Documento Nacional de Identidad: Como ciudadano de la UE, tiene el derecho de identificarse en Alemania

con su documento nacional de identidad. Es recomendable llevarlo también, ya que es más práctico y manejable que el pasaporte.

3. Certificado de Nacimiento: Su certificado de nacimiento sirve como prueba de identidad y puede ser necesario en varios trámites administrativos.

4. Certificado de Matrimonio / Sentencia de Divorcio: Si está casado o lo ha estado, lleve consigo el certificado de matrimonio o, en caso de divorcio, la sentencia de divorcio, ya que estos documentos pueden ser requeridos para algunas solicitudes oficiales.

5. Comprobante de Domicilio: Lleve consigo documentos que confirmen su dirección actual en España, ya que pueden ser necesarios para algunas solicitudes en Alemania.

6. Documentos de Seguro: Si ya ha contratado un seguro de salud privado, lleve consigo los documentos e información pertinentes.

7. Documentos Bancarios: Copias de extractos bancarios

y otros documentos bancarios relevantes pueden ser útiles para demostrar su situación financiera.

8. Certificado de Vacunación: Asegúrese de que su certificado de vacunación esté actualizado e incluya todas las vacunas necesarias.

Es recomendable guardar todos los documentos importantes en una carpeta especial para documentos y escanear copias digitales que pueda almacenar en una nube segura. De esta manera, siempre tendrá acceso a información importante en caso de pérdida o robo.

10.2 La importancia de documentos traducidos y certificados:

Al emigrar a Alemania, es posible que necesite traducir y certificar ciertos documentos para que sean reconocidos en Alemania. En muchos casos, se requieren traducciones oficiales y certificadas para presentar sus documentos ante autoridades, universidades o empleadores. Aquí hay algunos ejemplos de documentos que pueden necesitar traducción y certificación:

- o Certificado de Nacimiento: Si su certificado de nacimiento no está redactado en alemán, necesitará una traducción certificada.

- o Certificado de Matrimonio / Sentencia de Divorcio: Lo mismo se aplica a los certificados de matrimonio o sentencias de divorcio redactados en un idioma distinto al alemán.

- o Certificados y Calificaciones: Si desea que sus calificaciones educativas y profesionales sean reconocidas en Alemania, es posible que necesite traducir y certificar los certificados o títulos.

Es importante que obtenga las traducciones de un servicio de traducción profesional o de un traductor jurado para asegurarse de que sean legalmente reconocidas. En muchas ciudades alemanas, hay agencias de traducción especializadas que ofrecen este servicio.

10.3 Reconocimiento de calificaciones educativas y profesionales:

Si desea trabajar o estudiar en Alemania, es posible que

necesite reconocer sus calificaciones educativas y profesionales. Esto es especialmente importante para profesiones que requieren un reconocimiento oficial, como médicos, maestros, ingenieros o artesanos.

El reconocimiento de sus calificaciones puede facilitar su acceso al mercado laboral alemán y mejorar sus perspectivas profesionales. Según su campo profesional y su formación, hay diferentes puntos de contacto y autoridades responsables del reconocimiento.

- o Central Office for Foreign Education (ZAB): El ZAB es responsable de evaluar títulos educativos extranjeros e informarle sobre cómo se reconocen en Alemania. Puede encontrar información en el sitio web oficial del ZAB.

- o Federal Employment Agency: Si ejerce una profesión regulada, comuníquese con la Agencia Federal de Empleo para obtener información sobre el reconocimiento y posibles requisitos adicionales.

- o Chambers of Industry and Commerce (IHK) or Chambers of Crafts: Para ciertas profesiones en el campo de la industria, el comercio o los oficios, la Cámara de Comercio e Industria o la Cámara de Oficios es la entidad responsable. Infórmese sobre los requisitos específicos para su profesión en los sitios web de las cámaras pertinentes.

o Universidades y Escuelas Superiores: Si desea estudiar en Alemania, consulte a las universidades y escuelas superiores sobre los procedimientos de reconocimiento para sus estudios previos.

El proceso de reconocimiento de sus calificaciones educativas y profesionales puede llevar tiempo, por lo que le recomendamos que se informe con suficiente antelación y tome las medidas necesarias antes de su emigración.

Capítulo 11. Seguros

 El tema de los seguros es de gran importancia en Alemania, ya que tienen como objetivo protegerlo contra riesgos financieros y eventos imprevistos. En este capítulo, obtendrá una visión completa de los diferentes tipos de seguros en Alemania, especialmente el seguro de responsabilidad civil, así como valiosos consejos sobre cómo asegurarse de la mejor manera posible.

11.1 Visión general de los tipos de seguros en Alemania:

En Alemania, existen una variedad de seguros que ofrecen protección en diferentes áreas de la vida. Algunos de los tipos de seguros más importantes son:

o Seguro de responsabilidad civil: Este seguro es uno de los más importantes y no está legalmente obligado. Le protege de las consecuencias financieras si accidentalmente daña la propiedad de otros o causa daños a alguien por accidente.

o Seguro de salud: El seguro de salud es obligatorio en Alemania. Cubre los costos de tratamientos médicos, medicamentos y hospitalizaciones.

o Seguro de jubilación: El seguro de jubilación asegura su seguridad financiera en la vejez y garantiza que reciba una pensión regular cuando se retire.

o Seguro de desempleo: El seguro de desempleo proporciona apoyo financiero si se queda desempleado por causas ajenas a su voluntad.

o Seguro do accidentes: El seguro de accidentes ofrece protección en caso de accidentes, ya sea en el trabajo o en el tiempo libre.

o Seguro de incapacidad laboral: Este seguro le protege financieramente si debido a una enfermedad o accidente no puede seguir ejerciendo su profesión.

o Seguro de hogar: El seguro de hogar protege sus

pertenencias contra daños por robo, incendio u otros peligros.

o Seguro de automóvil: Si posee un vehículo, el seguro de automóvil es obligatorio por ley. Ofrece protección en caso de daños al vehículo y en accidentes.

Existen muchos otros tipos de seguros que pueden ser relevantes según sus necesidades y circunstancias individuales.

Ejemplo :

María descubrió un daño causado por agua en su apartamento. Su lavadora tiene una fuga y ha dañado el suelo y parte de la pared. Afortunadamente, María ha contratado un seguro de hogar que cubre este tipo de daños. Informa inmediatamente a su aseguradora, que envía a un perito para evaluar el daño. Después de la evaluación, la aseguradora se hará cargo de los costos de reparación del daño.

11.2 El seguro de responsabilidad civil y su importancia:

El seguro de responsabilidad civil es uno de los seguros más importantes en Alemania y se recomienda encarecidamente tenerlo. Le protege de las consecuencias financieras de los daños que pueda causar accidentalmente a terceras personas.

Por ejemplo, si derriba un jarrón en una tienda o daña accidentalmente la bicicleta de alguien. Sin un seguro de responsabilidad civil, tendría que asumir personalmente la responsabilidad financiera de tales daños, lo que podría generar una carga financiera considerable.

El seguro de responsabilidad civil generalmente cubre daños a personas, bienes y propiedades. Las primas de seguro pueden variar según el proveedor, la suma asegurada y las condiciones individuales. Es importante comparar las diferentes ofertas y elegir el seguro de responsabilidad civil que mejor se adapte a sus necesidades.

11.3 Protegiéndose con diferentes ofertas de seguros:

Dependiendo de su situación personal y sus necesidades, puede ser relevante considerar otros tipos de seguros. Por ejemplo, si posee un automóvil, es obligatorio tener un seguro de automóvil. Si es autónomo, un seguro de responsabilidad profesional puede ser útil para protegerse contra posibles reclamaciones de indemnización. Si posee objetos de valor o tiene una casa bien equipada, es recomendable tener un seguro de hogar para protegerlos contra robos o daños.

Es importante que se informe a fondo y compare diferentes ofertas antes de contratar un seguro. Revise cuidadosamente las coberturas incluidas en las pólizas y qué riesgos están cubiertos. También preste atención a las condiciones de los seguros y verifique posibles exclusiones o franquicias.

Le recomendamos encarecidamente que busque asesoramiento profesional antes de contratar un seguro. Tenga en cuenta que el autor de este libro no puede proporcionar asesoramiento específico sobre seguros. Los asuntos relacionados con seguros pueden ser complejos, y es importante obtener asesoramiento calificado para asegurarse de obtener la mejor protección y cumplir con las regulaciones adecuadas.

Los sitios web de comparación en línea pueden ser una buena forma de comparar diferentes ofertas de seguros y encontrar un seguro adecuado para usted. Además, también puede hablar directamente con asesores de seguros para obtener ofertas individuales y aclarar sus dudas. Asegúrese de que el asesor de seguros sea independiente y le presente diferentes productos de diferentes proveedores.

Los seguros son una parte importante de la protección financiera y pueden ahorrarle mucha preocupación y carga financiera en caso de eventos inesperados. Invierta tiempo y cuidado en la selección de los seguros adecuados para protegerse a usted y a su familia de la mejor manera posible.

Enlaces útiles y prácticos sobre seguros en Alemania:

Verbraucherzentrale Deutschland (VZ): La VZ ofrece información completa sobre diferentes tipos de seguros y brinda consejos útiles para elegir los seguros adecuados. Sitio web: https://www.verbraucherzentrale.de/

Bund der Versicherten (BdV): El BdV es una asociación de protección al consumidor independiente que ofrece información sobre temas de seguros, comparaciones de seguros y derechos del consumidor. Sitio web: https://www.bundderversicherten.de/

Check24: Este sitio web permite comparar seguros y encontrar ofertas individuales adecuadas. Sitio web: https://www.check24.de/

Finanztip: Finanztip ofrece comparaciones objetivas e información sobre productos de seguros y ayuda a los consumidores a elegir el mejor seguro para sus necesidades.

Sitio web: https://www.finanztip.de/

Tenga en cuenta que estos enlaces son solo orientación y no representan una recomendación específica. Siempre es recomendable tener en cuenta sus necesidades y circunstancias individuales y buscar asesoramiento profesional de expertos en seguros para tomar decisiones informadas.

Capítulo 12: Seguro de Jubilación (Rentenversicherung)

El seguro de jubilación es un tema crucial para todos los que viven y trabajan en Alemania, incluyendo aquellos que han emigrado desde España. En este capítulo se explican las consecuencias de la emigración en los derechos de jubilación, las regulaciones de coordinación de seguridad social dentro de la Unión Europea y los pasos para asegurar los derechos de jubilación y los períodos de cotización.

12.1 Consecuencias de la emigración en los derechos de jubilación:

Cuando alguien, como por ejemplo María, ha trabajado durante muchos años en España antes de emigrar, esto puede afectar sus derechos de jubilación en Alemania. Sin embargo, gracias a los acuerdos de seguridad social dentro de la Unión Europea, los ciudadanos de la UE tienen el derecho de combinar los períodos de cotización de diferentes países de la UE. Esto significa que los períodos de cotización realizados en España pueden ser tomados en cuenta en Alemania para adquirir o mejorar los derechos de jubilación. Es importante ponerse en contacto con la Deutsche Rentenversicherung (Seguro de Jubilación Alemán) y presentar todos los documentos necesarios para registrar correctamente los períodos de cotización de jubilación.

12.2 Regulaciones de coordinación de seguridad social dentro de la UE:

Dentro de la Unión Europea, existen regulaciones de coordinación de seguridad social para garantizar que los ciudadanos de la UE que han trabajado en diferentes países de la UE puedan combinar sus derechos de seguridad social. Esto permite tomar en cuenta los períodos de cotización realizados en diferentes países de la UE para el cálculo de los derechos de jubilación. Información sobre estas regulaciones está disponible en el sitio web oficial de la Comisión Europea.

Sitio web:

https://europa.eu/youreurope/citizens/social/security/old-age/index_de.htm

12.3 Pasos para asegurar los derechos de jubilación y los períodos de cotización:

a. Registro en la Deutsche Rentenversicherung: Toda persona que viva y trabaje en Alemania debe registrarse en la Deutsche Rentenversicherung (Seguro de Jubilación Alemán). El seguro de jubilación es responsable de registrar los períodos de cotización y calcular los derechos de jubilación.

b. Presentación de pruebas de empleo: Si ha trabajado en otros países de la UE antes de emigrar, debe recopilar todas las pruebas de empleo, certificados de ingresos y otros documentos relevantes. Estos documentos pueden ayudar a registrar correctamente sus períodos de cotización y asegurar sus derechos de jubilación.

c. Asesoramiento en la Deutsche Rentenversicherung: La Deutsche Rentenversicherung ofrece servicios de asesoramiento para aclarar todas las dudas sobre el seguro de jubilación y las consecuencias de la emigración. Se recomienda concertar una cita para discutir su situación individual.

d. Contribución al seguro voluntario: Para aquellas personas que no cotizan directamente en el seguro de jubilación, pero que desean adquirir derechos de jubilación, existe la posibilidad de un seguro voluntario. Información al respecto se encuentra en el sitio web de la Deutsche Rentenversicherung. Sitio web: https://www.deutsche-rentenversicherung.de/)

Tenga en cuenta que el seguro de jubilación es un tema complejo y esta sección solo sirve como introducción. Se recomienda obtener información de la Deutsche Rentenversicherung o de un asesor calificado para aclarar sus derechos de jubilación individuales y tomar las mejores decisiones para su futuro financiero.

Capítulo 13: Cuidado de la Salud (Gesundheitsvorsorge)

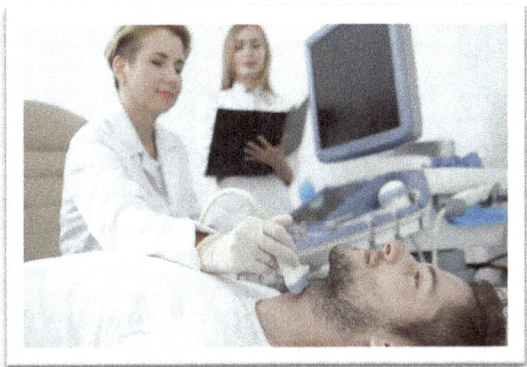

El cuidado de la salud es de vital importancia cuando se vive en Alemania. En este capítulo se tratarán el sistema de salud en Alemania, el seguro médico para una protección integral de la salud y el enfoque en la prevención de enfermedades, especialmente a través de las vacunas, para un comienzo saludable.

13.1 Resumen del sistema de salud en Alemania:

El sistema de salud alemán se caracteriza por una atención médica de alta calidad. Se compone del seguro médico público (GKV) y del seguro médico privado (PKV). El seguro médico público es obligatorio para la mayoría de la población y ofrece una protección integral de la salud a una tasa de contribución fija basada en los ingresos. El seguro médico privado está disponible para ciertos grupos de personas, como autónomos y personas con altos ingresos, y ofrece servicios personalizados con una tarifa acordada individualmente.

El sistema de salud alemán garantiza el acceso a una atención médica de alta calidad, que incluye una amplia gama de especialistas, clínicas, centros médicos y farmacias.

13.2 Seguro médico para una protección integral de la salud:

En Alemania, el seguro médico es obligatorio para todos los ciudadanos para garantizar una protección integral de la salud. Como se mencionó anteriormente en el capítulo 4, existen dos tipos principales de seguros médicos: el seguro médico público (GKV) y el seguro médico privado (PKV).

El seguro médico público ofrece una sólida protección de la salud a una tasa de contribución basada en los ingresos. El seguro médico privado ofrece servicios adicionales y tarifas personalizadas, pero la tarifa depende de factores individuales como la edad, el estado de salud y el alcance deseado de los servicios.

Para informarse sobre las diferentes opciones de seguros

médicos y encontrar un seguro adecuado, puede visitar los sitios web oficiales de las compañías de seguros médicos y utilizar comparadores en línea. Aquí hay algunos enlaces útiles:

o Compañías de seguro médico público en Alemania (Sitio web: https://www.gkv-spitzenverband.de/)

o Compañías de seguro médico privado en Alemania. Sitio web: https://www.pkv.de/

Ejemplo "Juan se enferma":

Juan emigró recientemente a Alemania y comenzó un nuevo trabajo. Unas semanas después de su llegada, se siente repentinamente mal y tiene fiebre. Recuerda que necesita cuidar su salud. Juan busca en línea un médico cercano y programa una cita.

En su visita al médico, Juan presenta su tarjeta de seguro médico y completa algunos formularios. El médico realiza un examen exhaustivo y determina que Juan tiene gripe. Afortunadamente, está cubierto por su seguro médico y la mayoría de los costos de su tratamiento médico y medicamentos recetados serán cubiertos.

Juan está aliviado de haber cuidado su salud y de no tener que preocuparse por costos médicos elevados. Ahora comprende lo importante que es tener un seguro médico y someterse a revisiones médicas regulares para proteger su salud y recibir una atención adecuada en caso de necesidad.

13.3 Prevención de enfermedades y vacunas para un comienzo saludable:

La prevención de enfermedades y las vacunas desempeñan un papel importante en la protección de su salud en Alemania. Se recomienda someterse a revisiones médicas regulares con su médico de cabecera para detectar y tratar posibles problemas de salud de manera temprana.

Además, en Alemania existe un calendario de vacunación recomendado que enumera las vacunas más importantes para diferentes grupos de edad y situaciones de vida. Las vacunas estándar incluyen, por ejemplo, vacunas contra el tétanos, la difteria, el sarampión, las paperas, la rubéola, la tos ferina, la influenza y la hepatitis. Se recomienda informarse tempranamente sobre las vacunas recomendadas y mantenerlas al día.

Para obtener información detallada sobre prevención de enfermedades y vacunas, puede visitar el sitio web oficial del Robert Koch-Institut (RKI). Sitio web:

https://www.rki.de/DE/Home/homepage_node.html

Tenga en cuenta que la prevención de la salud y la elección del seguro médico son asuntos personales. El autor de este libro no puede brindar asesoramiento individual. Es importante buscar asesoramiento calificado en cuestiones de prevención de salud y seguros médicos.

Capítulo 14: Carné de conducir (Führerschein)

El carné de conducir es un documento importante si vives en Alemania y deseas desplazarte. Aquí encontrarás todo lo que necesitas saber sobre el reconocimiento de tu carné de conducir extranjero, el trámite para obtener un carné de conducir alemán y las normas de tráfico en Alemania

14.1 Reconocimiento de la licencia de conducir extranjera en Alemania

Si vienes de un país miembro de la UE o de un país del EEE a Alemania y posees un carné de conducir válido, generalmente este será reconocido también en Alemania. No es necesario hacer un trámite especial o registro. Sin embargo, en caso de infracciones de tráfico u otras razones relevantes, las autoridades podrían exigir que cambies tu licencia por una alemana. Se recomienda informarse sobre las regulaciones específicas en tu estado federal (Bundesland).

Si provienes de un país fuera de la UE o del EEE, se aplican regulaciones específicas para el reconocimiento de tu licencia de conducir. En algunos casos, puede ser posible hacer un cambio directo o un reconocimiento, mientras que en otros casos podría ser necesario realizar un examen teórico y práctico. Los requisitos exactos pueden variar según el país de origen y el estado federal.

Para averiguar cómo se reconocerá tu licencia de conducir extranjera en Alemania, puedes contactar con la autoridad de licencias de conducir correspondiente o la oficina de tráfico en tu región de residencia en Alemania. Allí recibirás información detallada y ayuda para aclarar tu situación particular.

Ejemplo :

María se ha mudado de España a Alemania y posee un carné de conducir español. Este es reconocido en Alemania, y puede conducir legalmente sin tener que tomar más medidas.

Capítulo 14.3 Normas de tráfico y regulaciones en Alemania

El tema de las normas de tráfico y regulaciones es de vital importancia si vives en Alemania y deseas utilizar un vehículo. Aquí aprenderás en detalle sobre las principales normas de tráfico y regulaciones en Alemania, para participar de manera segura y legal en el tráfico vial.

Límites de velocidad:

En Alemania, existen varios límites de velocidad que varían según el tipo de carretera. Por lo general, en las autopistas no hay límite de velocidad general, pero existen tramos con límites específicos que están señalizados con señales de tráfico, conocidas como "Verkehrszeichen 274.1" (círculo azul con borde rojo). Es importante prestar atención a los límites de velocidad en las autopistas, carreteras secundarias y calles urbanas para evitar multas y violaciones de tráfico.

Límite de alcohol en sangre:

El límite de alcohol en sangre en Alemania es de 0,5 ‰ para conductores experimentados. Esto significa que el contenido de alcohol en sangre (BAC) no debe ser superior a 0,5 ‰. Para conductores novatos durante el período de prueba, conductores menores de 21 años y conductores profesionales, se aplica un límite de alcohol en sangre de 0,0 ‰. El consumo de alcohol al volante en Alemania se sanciona de manera estricta y puede dar lugar a severas penalizaciones.

Normas de prioridad:

En Alemania, existen normas claras de prioridad que están señalizadas mediante señales de tráfico. Presta especial atención a las carreteras con prioridad, cruces y entradas. La regla general establece que los vehículos que vienen desde la derecha tienen prioridad. Además, hay señales que regulan la prioridad, como la señal de "ceda el paso" y la señal de "alto". Respeta las normas de prioridad para evitar accidentes.

Señales de tráfico:

Las carreteras alemanas están equipadas con una variedad de señales de tráfico que proporcionan información vial importante. Presta atención a las señales que indican límites de velocidad, prohibición de estacionamiento, prohibición de adelantar y otras regulaciones. Es importante entender el significado de las señales de tráfico y actuar en consecuencia.

Sistema de puntos de Flensburg:

En Alemania, existe el sistema de puntos de Flensburg, donde se acumulan puntos en el registro central de tráfico por infracciones de tráfico. La cantidad de puntos depende de la gravedad de la infracción. Al alcanzar cierta cantidad de puntos, se puede retirar la licencia de conducir. Por lo tanto, es recomendable respetar las normas de tráfico y conducir de manera segura para evitar la acumulación de puntos.

David está conduciendo en la autopista y no ve una señal de límite de velocidad. El límite de velocidad era de 100 km/h, pero él iba a 130 km/h. David fue detenido por la policía y recibió una multa y puntos en el registro de Flensburg por exceder el límite de velocidad.

Consejo: Para obtener información detallada sobre las normas de tráfico y regulaciones en Alemania, visita el sitio web oficial del Ministerio Federal de Transporte e Infraestructura Digital: ww.bmvi.de

Tenga en cuenta que la autora de este libro no puede brindar asesoramiento legal o de tráfico. Si tienes preguntas o inquietudes específicas relacionadas con las normas de tráfico y la licencia de conducir alemana,

to recomendamos que te pongas en contacto con las autoridades y entidades competentes en Alemania.

Capítulo Adicional: Consejos y Asistencia para una Vida Plena en Alemania

Este capítulo ofrece una variedad de consejos prácticos y asistencia para los españoles que deseen emigrar a Alemania. Desde trámites burocráticos e integración cultural hasta actividades de ocio y números de emergencia; aquí encontrará información valiosa que le facilitará el comienzo y la vida en Alemania. Aprenda cómo integrarse en la sociedad alemana, dónde encontrar apoyo en caso de problemas y cómo disfrutar plenamente de su nuevo hogar en Alemania. Recuerde siempre que, si es necesario, puede buscar ayuda profesional y aprovechar las oportunidades disponibles para tener una experiencia exitosa en Alemania.

1. Trato con autoridades y asuntos burocráticos:

o Los trámites con las autoridades en Alemania pueden ser a veces demorados. Asegúrese de tener todos los documentos y papeles necesarios preparados para agilizar el proceso.

o Muchas autoridades ofrecen la opción de agendar citas en línea, lo que puede reducir los tiempos de espera.

- ○ Infórmese sobre el sistema de numeración para turnos en el lugar, para ser atendido eficientemente por la autoridad.

2. Diferencias culturales e integración:

- ○ Respete las costumbres y tradiciones alemanas para facilitar una integración positiva en la sociedad.
- ○ Aproveche los eventos y actividades locales para conocer nuevas personas e involucrarse en la comunidad.
- ○ Alemania ofrece una rica escena cultural con diversos eventos culturales que vale la pena explorar.

3. Viajes y actividades de ocio:

- ○ Alemania cuenta con una variedad de impresionantes destinos turísticos. Explore los pintorescos paisajes y ciudades históricas del país.
- ○ Encuentre hobbies o actividades que le den alegría y le ayuden a relajarse y manejar el estrés diario.
- ○ Infórmese sobre el calendario de eventos en su región para participar en eventos culturales y festivales.

4. Números de emergencia y seguridad:

○ Tome nota de números importantes de emergencia, como la policía, bomberos y servicios de rescate, para obtener ayuda rápidamente en caso de emergencia.

○ En Alemania, el número general de emergencia es el 112, válido para todo tipo de emergencias, incluyendo las médicas y los incendios.

○ Respete las normas de tráfico y consejos de seguridad para protegerse a usted y a los demás en las vías públicas.

○ Infórmese sobre las instalaciones médicas y servicios de emergencia más cercanos, en caso de que necesite ayuda médica urgente.

5. Comunidad y redes sociales:

○ Participe en asociaciones o grupos locales para hacer nuevos contactos y establecer amistades.

○ Utilice las redes sociales y plataformas para conectarse con otros españoles o expatriados en Alemania.

○ Las redes sociales pueden abrir oportunidades profesionales y ayudarle a adaptarse a su nuevo entorno.

6. Apoyo en caso de problemas:

o Si se enfrenta a problemas, no dude en buscar apoyo. La Embajada de España y los Consulados en Alemania pueden ayudarle en asuntos legales y sociales.

o En casos de emergencia o crisis, también puede contactar a la policía, bomberos o servicios de rescate, llamando al número de emergencia 112.

o Infórmese sobre centros de asesoramiento y puntos de contacto locales que ofrezcan apoyo a los españoles en Alemania.

7. Regreso a España:

o Si decide regresar a España, considere los aspectos fiscaloc y legales relacionados con la repatriación.

o Infórmese sobre recursos y apoyo que puedan facilitar su reintegración en España.

El capítulo "adicional" le brinda una variedad de información y consejos útiles para que su estancia en Alemania sea exitosa y agradable. Recuerde que siempre puede buscar ayuda profesional si es necesario, especialmente en asuntos legales o fiscales.

Tschüss. ¡Mucho éxito en tu nueva aventura alemana!

Queridas lectoras y queridos lectores,

Con "Emigrar a Alemania: Todo lo que necesitas saber para tener éxito", han recorrido un camino detallado y enriquecedor hacia una nueva vida en Alemania. Esta guía ha sido diseñada para proporcionarles la información esencial y las herramientas necesarias para una transición exitosa.

La emigración es una valiente aventura, una oportunidad para crecer y descubrir nuevas facetas de ustedes mismos. A lo largo de este libro, les he ofrecido consejos prácticos y valiosa orientación, pero recuerden que cada historia es única. Enfrentarán desafíos y triunfos, pero con perseverancia, adaptabilidad y corazones abiertos, podrán superar cualquier obstáculo.

Les insto a que abracen esta nueva etapa de sus vidas con optimismo y curiosidad. La vida en Alemania puede ofrecerles experiencias enriquecedoras, amistades duraderas y un crecimiento personal significativo. Así que, ¡afronten cada día con entusiasmo y hagan de su nueva vida en Alemania una aventura inolvidable!

Les agradezco sinceramente por confiar en esta guía. Ha sido un privilegio acompañarles en este viaje. Les deseo todo lo mejor en su camino hacia una vida exitosa y gratificante en Alemania.

Recuerden, el mundo está lleno de oportunidades esperando a ser descubiertas. ¡Que cada día les traiga nuevas y emocionantes posibilidades!

¡Les deseo lo mejor y que tengan un tiempo emocionante en Alemania!

Con gratitud y deseos de éxito,
Mar André

¿Te ha gustado el libro? Una reseña en Amazon sería el mejor apoyo. ¡Gracias!